AF319410

RELATION

DU

SIÉGE DE ROME

EN JUIN 1849,

Par E. DELMAS,

Capitaine d'état-major,

Attaché à la 2e division de l'armée d'Italie.

Extrait du Spectateur Militaire.

(Cahier de Décembre 1849.)

1849

Paris. — Imprimerie de L. Martinet, rue Mignon, 2.

RELATION DU SIÉGE DE ROME

EN JUIN 1849.

—————

Après le combat du 30 avril 1849, livré sous les murs de Rome, la diplomatie renoua de nouvelles relations avec la république romaine ; mais le gouvernement français, ne voulant point rester sous le coup d'un échec, et prévoyant d'ailleurs une lutte sérieuse, porta l'armée française à trois divisions, savoir :

Commandant en chef. Général **OUDINOT DE REGGIO**.

1ʳᵉ *Division*. Général REGNAULT DE SAINT-JEAN D'ANGELY.

   Une brigade d'infanterie, 4 bataillons.   } Général *Mollière*.
   Chasseur à pieds,   1   —

   Une brigade de { 1ᵉʳ rég. de chass. à cheval. } Général *Morris*.
    cavalerie.   { 11ᵉ rég. de dragons.

2ᵉ *Division*. Général ROSTOLAN.

   1ʳᵉ brig., 2 régim. d'infant., 4 bat. — Général *Levaillant* (Charles).
   2ᵉ   —   2   —   4   —   Général *Chadeysson*.

3ᵉ *Division*. Général GUESVILLER.

   1ʳᵉ brigade, 2 régim. d'inf., 4 bat. — Général *Levaillant* (Jean).
   2ᵉ   —   2   —   4   —   —Général *Sauvan*.

Génie. Le général de division VAILLANT.
   6 compagnies de sapeurs.

Artillerie. Général de brigade THIRY.
   4 batteries de campagne.
   1   —   de siége.

Vers le milieu du siége, l'armée expéditionnaire reçut un renfort de 4 régiments d'infanterie, d'une batterie de 12, d'une compagnie de mineurs et d'une compagnie de pontonniers.

Le 30 juin, à la fin des opérations, l'armée française comptait donc 30 bataillons, 8 escadrons, 36 bouches à feu de campagne et 40 pièces de siége (canons, obusiers, mortiers).

L'armistice fut dénoncé le 30 mai, et les hostilités recommencèrent le 3 juin.

Le 2 juin, l'armée française occupait les positions suivantes :

La gauche (3e *division*) était établie au Monte-Mario, en face du Vatican et du fort Saint-Ange, et à Mattéi. Le centre (1re *division*) et la droite (2e *division*) occupaient Santucci, et s'étendaient jusqu'au pont du Tibre, à Santa-Passera, d'où l'on se reliait par une tête de pont à San-Paolo, couvent et église occupés depuis l'avant-veille par nos troupes.

Cette occupation, qui jetait ainsi notre aile droite de l'autre côté du fleuve, avait pour but de maintenir nos communications avec la rive gauche, de manière à pouvoir opérer sans cesse autour des murailles ; car la faiblesse de notre armée ne lui permettait pas de faire sérieusement l'investissement d'une ville dont l'enceinte présente une étendue de sept lieues.

La 1re brigade de la 1re division devait s'établir à Villa-Pamphili aussitôt après la prise de ce point par la brigade Levaillant (Jean). La cavalerie se trouvait à Santucci et à Mattéi. Les 8 escadrons se concentrèrent plus tard à Santucci même, sous les ordres du général Morris.

Les villas Pamphili, Corsini et Valentini sont situées sur un plateau, d'où partent des ravins qui vont finir au Tibre, en se dirigeant, les uns vers la porte Cavallegieri, les autres vers la plaine de Pietro di Papa, vis-à-vis la basilique de Saint-Paul. Ces villas formaient un poste avancé dominant, protégé par des haies et des murs qui devaient retarder notre approche ; et de ce poste on pouvait prendre nos parallèles à revers. L'occupation de ces points était indispensable. Les Romains, outre les obstacles naturels, avaient élevé des barricades et crénelé les murs des jardins et des habitations.

Le 3 juin, à deux heures du matin, la brigade Levaillant (Jean) se porte résolument en avant, pratique avec la mine une brèche dans le mur d'enceinte de la villa Pamphili, attaque et culbute les avant-postes romains, s'empare de la position, après quatre heures d'une lutte acharnée, et fait 200 prisonniers à l'ennemi.

La prise de Pamphili n'était que la première phase de la lutte qui devait nous rendre maîtres du plateau. Vers les dix heures du matin, on résolut de s'emparer de vive force des villas Corsini et Valentini, positions que les Romains paraissaient bien décidés à défendre.

A peine l'ennemi s'aperçut-il de notre mouvement offensif, qu'il fit une sortie de la place, et alors s'engagea un combat vivement soutenu de part et d'autre. Les villas Corsini et Valentini, prises et reprises quatre fois, restèrent enfin en notre pouvoir ; mais le feu incessant de la place rendait ces points inhabitables, et nous ne pûmes nous maintenir dans les maisons de ces villas.

La lutte continua pendant toute la journée du 3 juin, et nos pertes s'élevèrent à 1 officier et 37 sous-officiers et soldats tués, à 13 officiers et 229 sous-officiers et soldats blessés; en tout, 280 hommes tués ou blessés.

Cependant le but était atteint : nous avions dégagé les abords de la ville, et nous pouvions désormais opérer sans trop d'ostacles dans ce vaste demi-cercle qui borne Rome à l'ouest. En dehors de la place, les Romains n'occupaient plus que le Vascello, placé presque sous les murs de la ville, et quelques petites maisons voisines.

Le 4 juin, les travaux du siége commencèrent.

L'armée romaine, concentrée dans les murs de Rome, se composait, savoir :

Infanterie.	1 régiment de vétérans.	745	
	1er — ligne	1,864	
	2e — —	2,000	
	3e — —	1,493	
	5e — —	2,193	
	6e — —	1,740	
	1 bataillon de Bersaglieri (commandé par Melara).	379	
	2e bataillon du 8e de ligne.	729	h. 17,935
	9e régiment de ligne (Union)	1,841	
	Légion romaine (volontaires).	251	
	Bersaglieri lombards (commandés par Manara)	1,000	
	Bataillon universitaire	300	
	Légion bolonaise (volontaires). . . .	650	
	Division Arcioni	450	
	Légion Garibaldi.	1,500	
	Lanciers de Garibaldi.	200	
	Carabiniers mobilisés	400	
	Légion polonaise.	200	
Cavalerie.	1er régiment de dragons.	889	1,751
	2e — —	862	
Artillerie de ligne.	1,383	1,574
— de volontaires.	191	
Génie.		500	
	Total.	21,760	

Deux motifs déterminèrent le choix du point d'attaque : le premier, tout militaire, pouvait faire supposer que l'occupation du Janicule, qui domine complétement la ville au sud, forcerait l'ennemi à se rendre, à moins qu'il ne fût décidé à résister au feu plongeant et écrasant de nos batteries ; le deuxième, politique et moral, avait pour but d'épargner les monuments et le centre de la ville.

On aurait pu essayer une attaque du côté est ou nord de Rome, sur les points où l'enceinte ne présente pas une forte résistance ; mais alors on se serait peut-être trouvé dans la nécessité de ruiner de beaux monuments et de livrer des combats successifs dans une guerre de rues. Le général du génie avait assuré que la ville se rendrait après la prise du Janicule, et sa prédiction s'accomplit.

Avant de commencer le récit détaillé des opérations proprement dites du siége, nous rappellerons :

1° Que les bastions de la ville ont été numérotés par l'attaque, à partir de la porte Portèse, en allant vers la porte Saint-Pancrace ;

2° Que la 2e division Rostolan et la brigade Levaillant (Jean) ont seules pris part aux opérations de la tranchée.

Le reste de l'armée, qui occupait Pamphili, Saint-Pancrace, Corsini, Valentini, le Monte-Mario et Ponte-Molle, devait opérer sur la rive gauche du Tibre, en tournant la ville jusqu'à San-Paolo, où se trouvait notre droite.

Dans la journée du 3, on avait occupé une maison située dans le ravin, en avant de San-Carlo ; cette maison, assez bien garantie des feux de la place, était destinée à servir de dépôt de tranchée ; on put aussi, dans le courant du siége, y installer des ambulances provisoires.

Le général de division Vaillant, commandant le génie et directeur des travaux du siége, avait déterminé le tracé de la première parallèle à 350 mètres de la place, de manière à embrasser le front d'attaque, consistant, en ce moment, dans les bastions 6 et 7 et dans la courtine qui les unit. Cette distance pourra paraître trop petite, suivant les règles ordinaires des siéges ; mais il faut se rappeler que l'on avait devant soi une muraille d'enceinte forte, il est vrai, mais sans ouvrages avancés; de plus, si la défense était énergique, comme elle le fut en effet, on pouvait certainement penser qu'opérant contre une armée improvisée, il ne s'y trouverait pas des officiers assez instruits et assez habiles pour bien conduire une défense de place qui exige toujours de longues études et une grande expérience.

Le point d'attaque était aussi le point le plus avancé de l'enceinte, et l'on n'avait à se défiler que des feux d'écharpe et de revers des batteries du Testaccio et de Saint-Alexis.

Le tracé de la parallèle avait été indiqué suivant ces conditions; son développement devait être de 14 à 1500 mètres, afin de s'appuyer, à droite, aux hauteurs inabordables de front qui forment la vallée du Tibre; à gauche, à l'église de Saint-Pancrace et à la position de Pamphili occupée par la 1re division.

Un ordre général fait connaître que dans la soirée du 4 juin la tranchée sera ouverte par les troupes de la 2e division, sous la direction des officiers du génie.

Le service est commandé de la manière suivante:

Général de tranchée. — Général Chadeysson.

Major de tranchée. — Lieutenant-colonel Sol (du 33e).

Garde de tranchée.

Un bataillon du 22e léger.
Un bataillon du 36e de ligne.

Travailleurs de tranchée.

450 hommes du 66e de ligne.
450   —   du 68e de ligne.
150   —   du 22e léger.
150   —   du 36e de ligne.

1,200 hommes, sans compter deux brigades du

génie, de 30 hommes chacune, destinées à chaque attaque.

Le général Rostolan, commandant la 2ᵉ division, est chargé de former, avec le reste de ses troupes, des réserves prêtes à se porter sur tous les points menacés.

A huit heures et demie du soir, toutes les troupes de la 2ᵉ division sont concentrées à San-Carlo et au dépôt de tranchée. Le général commandant cette division dispose lui-même les gardes de tranchée et les conduit en avant de la ligne tracée pour l'indication de la parallèle. Les travailleurs reçoivent les outils (pelles et pioches) au dépôt de tranchée, et sont dirigés sur les différentes parties de la parallèle par les officiers du génie.

Les troupes de réserve suivent le mouvement et vont se masser entre la maison dite *des volets verts* et le dépôt de tranchée, au centre même de la ligne des opérations.

Afin de couvrir les travailleurs du côté de la porte Portèse, on donne l'ordre à trois compagnies d'aller s'établir en tirailleurs sur la crête des hauteurs qui bordent, de ce côté, la vallée du Tibre. Ces troupes, dont la mission est d'éclairer la vallée, reçoivent la consigne de ne point tirer en cas d'attaque, mais de se porter immédiatement sur l'ennemi à la baïonnette.

Le travail commence à dix heures du soir dans le plus grand ordre et le plus grand silence. La lune, qui menaçait d'éclairer les travaux, reste voilée pendant une partie de la nuit, et la tranchée s'ouvre avec la plus grande sécurité.

L'artillerie élève en même temps deux batteries de

siége : l'une (n. II) à droite de la parallèle, pour contrebattre les batteries du Testaccio et de Saint-Alexis; l'autre (n° I) à 30 mètres en avant de la maison aux volets verts et à 100 mètres en arrière de la parallèle, pour éteindre les feux du bastion n° 6 qui tire en capitale.

Les première et deuxième batteries sont armées chacune de deux pièces de 24 et d'un obusier de 8 pouces. La batterie n° I est prête à tirer à cinq heures du matin; mais la batterie n° II, dont une pièce a chaviré pendant le trajet, éprouve un retard dans son armement et dans l'ouverture du feu.

Pendant la nuit du 4 au 5 juin, la place ne tire pas un seul coup de canon; elle ignore complétement notre opération et ne répond que faiblement à une fausse attaque dirigée du côté de la porte Saint-Pancrace.

Vers quatre heures du matin, les travailleurs sont relevés par des troupes de la 3e division (13e et 16e légers). Les gardes de tranchée prennent position dans la parallèle qui est arrivée à 1 mètre de profondeur, et occupent, en arrière, les principaux points propres à la défense. La réserve conserve la place qui lui a été primitivement assignée.

Pendant toute la durée du siége, la 1re division a occupé la position dangereuse du plateau de Pamphili, où elle a été continuellement inquiétée par le feu des bastions 8, 9 et 10, et par une batterie tirant d'un des bastions de l'enceinte du Vatican.

5 *juin*. — A la pointe du jour, les assiégés s'aperçoivent de nos travaux. Les batteries du Testaccio, de Saint-Alexis et du bastion n° 6 ouvrent un feu très

vif, et tirent avec beaucoup de justesse sur nos batteries, dont les épaulements sont criblés en peu d'heures. Nous répondons coup pour coup; mais le feu de l'ennemi est supérieur au nôtre. La division a une trentaine d'hommes tués ou blessés.

A quatre heures de l'après-midi, on relève les travailleurs, la garde de tranchée et les réserves.

Le service est commandé ainsi qu'il suit :

Un bataillon du 36ᵉ de ligne.

Un bataillon du 53ᵉ de ligne, arrivé le jour même au camp.

Les troupes de la 2ᵉ division étant épuisées de fatigue, les travailleurs sont fournis par la 3ᵉ division (13ᵉ et 16ᵉ légers).

Les réserves se retirent successivement et regagnent leurs camps.

La nuit du 5 au 6 se passe tranquillement; l'ennemi ne tire point, et les travaux de la tranchée, poursuivis avec ardeur, atteignent bientôt les dimensions réglementaires.

Pendant cette nuit, on élève dans la parallèle une batterie (n° III) de 4 mortiers de 8 pouces, qui est prête dès le matin; mais la difficulté des cheminements ne permet pas d'amener encore les mortiers.

6 *juin*. — Le feu de l'ennemi commence avec vigueur dès les quatre heures du matin, et ses batteries tirent régulièrement pendant toute la journée; ses projectiles sillonnent le terrain, mais n'empêchent point nos travaux de marcher.

Vers les deux heures de l'après-midi, un violent orage inonde les tranchées et menace de détruire nos travaux; cependant le parapet résiste assez bien et ne s'éboule que sur quelques points. Nos soldats sont dans l'eau jusqu'au genou.

Le génie veut pratiquer une percée pour faciliter l'écoulement des eaux ; mais cette opération devient très dangereuse sous le feu de Saint-Alexis et du Testaccio. Les batteries de la place et les nôtres continuent leur tir pendant l'orage.

Pour éviter des répétitions sans intérêt, nous dirons ici que le service de jour et de nuit, à la tranchée, s'est fait à tour de rôle par deux bataillons de la 2e division, une compagnie de chasseurs à pied de la 1re division et 400 à 1,200 travailleurs, sous la direction du génie et de l'artillerie.

Dans les circonstances exceptionnelles, comme par exemple lorsqu'il était nécessaire de protéger la construction des batteries de brèche, la garde de tranchée a été renforcée d'un bataillon.

Les troupes de tranchée, gardes et travailleurs, suivant les prescriptions du règlement sur le service en campagne, étaient toujours sous les ordres d'un officier général et d'un colonel, qui prenaient le titre de général et colonel de jour, et dont le service durait vingt-quatre heures.

A cinq heures du soir, après l'orage, il y eut une alerte parmi les troupes de la 2e division. L'état-major, les compagnies d'élite des 36e et 66e de ligne et une partie de la cavalerie se portent en toute hâte vers le pont de Santa-Passera (pont de bateaux du Tibre). On craint une sortie du côté de San-Paolo et une attaque sur la tête de pont ; mais l'ennemi, nous voyant sur nos gardes, renonce à son opération.

La nuit du 6 au 7 se passe sans événements ; on continue de travailler aux cheminements et l'on arme la batterie de mortiers n° III.

7 juin. — Le feu recommence de part et d'autre à sept heures du matin. Pendant là journée on tire à d'assez longs intervalles à cause de la grande chaleur ; le génie continue ses sapes.

Des rapports multipliés font toujours craindre une attaque contre le couvent de San-Paolo, dans le but de détruire le pont de bateaux, et de couper ainsi nos communications avec la rive gauche. M. de Los-tanges, lieutenant-colonel du 66ᵉ de ligne, est nommé commandant supérieur de ce cercle.

On renforce le poste du couvent, et deux compagnies vont occuper les hauteurs de Santa-Passera, au point de jonction des routes de Rome à Santucci et du chemin qui longe le Tibre.

La nuit est calme ; le génie chemine à la sape debout.

8 juin. — Les boulets et les obus lancés de la place inquiètent fortement les travailleurs pendant toute la journée.

Le chasseur Murs, du 22ᵉ léger (5ᵉ compagnie du 2ᵉ bataillon) est mis à l'ordre du jour de la 2ᵉ division, pour être allé, sous la mitraille, relever les cadavres de deux de ses camarades qui venaient d'être emportés par un boulet.

9 juin. — Le feu commence à la pointe du jour. Le travail du génie se soutient et marche avec régularité.

Pendant la nuit une pièce de 16, qu'on amenait pour armer une nouvelle batterie (n° IV), roule le long de la pente du Tibre jusque sous le feu du Testaccio, et entraîne deux chevaux avec elle. Ces chevaux sont ramenés par le soldat Maline du 68°, qui est allé les chercher sous le feu de l'ennemi ; mais la pièce est restée sur place. Le général Rostolan va lui-même embusquer une compagnie de chasseurs à pied pour la protéger. L'ennemi ne fait aucune tentative pour enlever cette pièce, et la nuit suivante elle est remontée, et conduite à la batterie n° II où elle remplace une pièce de 24.

Vers huit heures du soir, l'ennemi tente une sortie vers l'attaque de gauche par la porte Saint-Pancrace. La fusillade s'engage vigoureusement, et les canons de la place favorisent la sortie. Les Romains restent dans les vignes, sous les remparts et derrière des murs et de petites maisons abattues, n'osant point pousser jusqu'à la parallèle. Après une fusillade de près d'une heure, les Romains se retirent sous le feu des travailleurs qui étaient venus en grand nombre s'établir sur ce point. A neuf heures du soir, un violent orage éclate, mais les tranchées sont achevées, les terres ont déjà pris de la consistance, et la pluie n'endommage que très peu les travaux exécutés.

10 juin. — La canonnade se fait entendre à quatre heures du matin et dure toute la journée avec plus de vivacité que les jours précédents. On reçoit de nouveau l'avis que l'ennemi a l'intention de se porter sur San-Paolo et de détruire le pont du Tibre.

Le général Rostolan se porte sur ce point, visite avec soin les postes, et fait mettre en position les 4 pièces de 30, amenées par la marine. Ces pièces sont placées de manière à enfiler le fleuve et à détruire les corps flottants qui le descendraient. On renforce la garnison du couvent et le redan de la tête de pont du Tibre.

A une heure du matin, un énorme brûlot descend le Tibre : il se compose d'un gros bateau doublé en liége et rempli de matières incendiaires, telles que grenades, obus, bouteilles de térébenthine, etc.; il est précédé par deux embarcations sur lesquelles se trouvent aussi de la poudre, des acides et des projectiles creux. Les sentinelles des postes avancés le signalent à temps à 150 mètres en amont du pont, et la pièce de marine qui flanque la gauche du pont, et peut balayer la rivière, lui envoie successivement un boulet et de la mitraille. Le brûlot dévie sous le feu, et une compagnie du 22ᵉ léger, secondée par les marins employés à la garde du pont, le tire sur la rive droite et l'amarre solidement. Vers trois heures du matin, il était presque consumé, et les embarcations étaient coulées.

11 *juin.* — Le feu s'ouvre à cinq heures du matin, mais les coups de la place sont plus rares que les jours précédents; nos batteries se taisent comme celles de l'assiégé. La batterie de mortiers (nᵒ III), qui est achevée et armée, n'a pas encore ouvert son feu.

La soirée se passe tranquillement; Saint-Alexis et le Testaccio ne tirent point, et la nuit arrive sans que l'on signale rien de nouveau.

Vers les dix heures du soir, l'ennemi tiraille et canonne nos travaux de tranchée; mais son feu, que l'obscurité l'empêche de bien diriger, ne nous cause aucun mal; on voit que son intention est d'inquiéter nos travailleurs dans l'établissement des batteries et le cheminement de la sape.

Dans la nuit, une colonne mobile, forte d'un bataillon et de 4 escadrons, sous les ordres du général Morris, rentre au camp après avoir arrêté le courrier de Naples, et pris un convoi de 80 voitures qui se dirigeait sur Rome, sans avoir tiré un seul coup de fusil.

12 *juin*. — La place tire dès cinq heures du matin. Le général commandant la 2ᵉ division visite les tranchées, et réclame du génie l'établissement général de banquettes le long des tranchées, afin que les soldats puissent facilement faire feu de la parallèle sur les sorties qui pourraient avoir lieu.

A huit heures du matin, 4 compagnies du régiment de l'Union (9ᵉ de ligne) font une sortie dans le but d'arrêter nos cheminements et la construction d'une Vᵉ batterie. Ces soldats, qui se sont déjà battus à Venise et à Vicence, engagent la fusillade presqu'à bout portant, et la soutiennent avec résolution. Les 1ʳᵉ et 2ᵉ compagnies du centre du 53ᵉ de ligne ripostent avec sang-froid ; soutenues par les gardes de tranchée qui arrivent au pas de course, et par les travailleurs des 22ᵉ léger et 36ᵉ de ligne, elles repoussent les assaillants et les forcent à se retirer, après un combat de trois-quarts d'heure. L'ennemi laisse une quarantaine d'hommes sur le terrain.

Vers cinq heures du soir, le général Thiry, commandant l'artillerie, annonce qu'il ne reste plus à armer qu'une batterie construite à 140 mètres des murs; on lui donne pour la protéger 4 compagnies du 32ᵉ de ligne sous les ordres d'un chef de bataillon.

A six heures du soir, le général en chef envoie un parlementaire au gouvernement romain. Le capitaine d'état-major Poulle, chargé de cette mission, rentre au camp le lendemain matin, après le rejet des propositions de capitulation qu'il portait au Triumvirat.

13 *juin.* — Nos contre-batteries, n°s IV, V et VI, armées pendant la nuit, n'attendent que le signal pour ouvrir leur feu sur les faces des deux bastions d'attaque. La batterie n° IV bat la face droite du bastion 6; la batterie n° V bat la face gauche du bastion 7, et la batterie n° VI (Ire batterie de Corsini) bat la face droite du bastion 7.

Dès six heures du matin, la canonnade s'engage sur toute la ligne; notre feu est bien nourri pendant cette journée. La batterie romaine placée en capitale du bastion commence à ralentir son feu, qui a été incessant jusqu'à cette période du siége; Saint-Alexis et le Testaccio redoublent d'efforts. La nuit se passe tranquillement; elle n'est troublée que par une fusillade insignifiante qui part chaque nuit des remparts et à laquelle nos soldats sont habitués.

14 *juin.* — A la pointe du jour le canon tonne. Les remparts commencent à s'écrêter et à devenir inhabitables. Les bastions attaqués ne ripostent plus que faiblement; mais le bastion 8, qui n'est pas encore attaqué, tire ferme.

Le général commandant l'artillerie annonce que les cheminements du génie sont assez avancés pour que la Ve batterie de siége puisse se passer d'une protection spéciale. Le général commandant les troupes du siége fait alors rentrer à leur régiment les 4 compagnies du 32e de ligne chargées de cette mission.

Dans la soirée, le feu s'éteint presque complétement de part et d'autre; mais vers minuit une très vive fusillade part des murs de la place contre nos tranchées:

nous n'y répondons pas. Les Romains travaillent à réparer les dégâts causés par notre artillerie. Ils ont adopté un système de pièces mobiles (pièces de campagne) qui leur permet de changer à chaque instant la position de leur artillerie; et quand une embrasure est presque détruite, ils vont en ouvrir une autre dans la muraille : c'est ainsi qu'avec une artillerie peu nombreuse et laissant beaucoup à désirer sous plusieurs rapports, ils peuvent entretenir un feu très nourri.

15 *juin*. — L'ennemi, profitant du moment où l'on relève les travailleurs et les gardes de tranchée, ouvre d'habitude un feu très vif et à toute portée sur les points de passage qu'il aperçoit. Ses boulets arrivent jusqu'au dépôt de tranchée, et même jusqu'à San-Carlo ; la vivacité de son feu se fait surtout remarquer à quatre heures du soir (heure de relevée).

16 *juin*. — La canonnade a été réciproque dans la journée, et la nuit s'est passée tranquillement.

Dans cette nuit du 16 au 17, le voltigeur Ardin du 22ᵉ léger se présente volontairement aux officiers du génie pour aller, sous le feu de la place, reconnaître si les Romains n'ont point élevé une gabionnade au pied des remparts ; il s'acquitte fort bien de sa mission, et est mis à l'ordre du jour de la division.

18 *juin*. — Dès le matin, le feu de la place redouble d'intensité ; car l'ennemi s'est aperçu que nous armons nos batteries de brèche, et que les batteries en arrière ont été désarmées.

19 *juin*. — Nos batteries de brèche ne sont pas encore entièrement armées ; mais deux sont prêtes, et vers dix heures du matin elles ouvrent leur feu, qui

se continue avec vivacité pendant toute la journée.

Le Testaccio et Saint-Alexis, qui prennent à revers nos batteries, ouvrent un feu inquiétant et dangereux. On réarme aussitôt la batterie n° II de 4 pièces de siége, pour contre-battre Saint-Alexis, et l'on établit 4 pièces de la batterie de réserve de campagne au-dessous de la batterie n° II, pour faire taire le Testaccio ; au bout d'une heure, les coups de ces pièces, parfaitement ajustés, le réduisent au silence. Pendant la nuit, l'armement des batteries de brèche est complétement terminé.

20 *juin*. — Au point du jour, toutes les batteries de brèche commencent à jouer.

On tire de manière à faire trois brèches, savoir :

Une à la face droite du bastion n° 6, par la batterie n° VIII ;

Une à la face gauche du bastion n° 7, par la batterie n° IX ;

Une à la courtine 6-7, par la batterie n° VII.

Le feu est très vif et très nourri pendant toute la journée.

La batterie n° VI tire sur le bastion 8 et sur la maison Garibaldi, d'où part un feu des plus opiniâtres.

La brèche se fait à la muraille ; mais pour la courtine et le bastion n° 7, il faudra un peu plus de temps, parce qu'on n'aperçoit pas très bien le pied du mur.

21 *juin*. — Dès que le jour paraît, nos batteries redoublent de vigueur ; tout annonce que les brèches seront bientôt praticables, et qu'il faudra se préparer à l'assaut.

A quatre heures du soir, un ordre général règle les opérations de l'assaut et du couronnement des brèches. Dans la pensée que l'ennemi a pu construire un retranchement intérieur, le général en chef et le général commandant le génie se décident à ne faire que le couronnement à la gorge des bastions. On transformera ainsi les deux bastions pris en deux places d'armes, d'où l'on partira pour faire au besoin de nouveaux cheminements; de plus, la courtine servira à établir une nouvelle batterie flanquée à droite et à gauche par les deux bastions, et ayant pour objet de renverser les obstacles intérieurs.

Voici maintenant les dispositions arrêtées :

12 compagnies, grenadiers et voltigeurs, sont prises dans les régiments qui composent la 2ᵉ division; 6 de ces compagnies forment trois colonnes de 2 compagnies chacune, destinées à monter aux trois brèches praticables. Ces trois colonnes sont commandées par les chefs de bataillon de Cappe, du 53ᵉ; de Sainte-Marie, du 36ᵉ; d'Antin, du 32ᵉ, et sont dirigées par trois officiers du génie.

Les 6 autres compagnies forment une réserve au pied des brèches, sous les ordres du commandant de Tourville, du 66ᵉ de ligne.

Les 12 compagnies, colonnes d'assaut et réserve, sont sous les ordres du lieutenant-colonel Tarbouriech, du 36ᵉ de ligne.

Les deux bataillons de garde de tranchée soutiennent la réserve et sont placés dans les boyaux de communication les plus rapprochés des murailles. Enfin, dans les tranchées et à portée de soutenir ces troupes, est établi le reste de la 2ᵉ division formant une réserve générale.

150 travailleurs et 30 sapeurs du génie suivent cha-

cune des trois colonnes d'assaut et doivent, aussitôt qu'un bastion est emporté, le fermer à la gorge par une tranchée et au moyen de gabions dont chaque travailleur est muni. Ce travail terminé, les colonnes d'assaut doivent se retirer sur la courtine et attendre l'ennemi en cas de retour offensif.

Vers dix heures du soir, l'attaque commence : la brèche faite au bastion n° 6 est franchie avec élan sous une fusillade assez vive. La colonne, arrivée sur le rempart, se précipite à la baïonnette sur les défenseurs et s'empare d'une maison du bastion occupée par les Romains. Le capitaine de grenadiers d'Astelet, du 36ᵉ, et le capitaine du génie de Jouslard tombent blessés mortellement. L'attaque a été si vive et si prompte, que ces deux pertes regrettables sont les seules que nous ayons à déplorer.

Les Romains ont perdu une quinzaine d'hommes et nous leur avons fait 43 prisonniers, dont un capitaine.

Pendant que nos troupes couronnent la brèche, on s'empresse de mettre la maison du bastion en état de défense, et l'on prend de grandes précautions pour détruire les mines que l'ennemi avait commencé d'établir sur plusieurs points. La nuit est calme et permet de faire avancer les travaux de défense. Dès la pointe du jour, une canonnade incessante, partie du bastion n° 8, du Montorio et de Saint-Alexis, rend très dangereuse l'occupation de la maison du bastion. La perte d'une dizaine de soldats tués ou blessés nous fait reconnaître la nécessité d'abandonner cette position aussitôt que les boyaux qui viennent s'y appuyer sont assez larges pour recevoir des hommes armés. A neuf heures du matin, cette condition est remplie ; le commandant du génie fait évacuer la maison, et l'on établit des gardes de tranchée dans les boyaux. A onze heures, les Romains s'aperçoivent que cette maison, occupée toute la nuit et une partie de la matinée, vient d'être évacuée ; ils arrivent en nombre et la reprennent. Trente hommes d'élite du 36ᵉ se précipitent sur eux à la baïonnette, et en quelques instants ils en tuent une vingtaine, dont les cadavres restent sur le lieu du combat.

Cette affaire ne nous a coûté que 9 blessés ; l'ennemi en a un nombre considérable.

Dans l'après-midi, les Romains ont fait deux autres tentatives du même genre qui ont échoué.

Colonne du commandant d'Antin.

La courtine 6-7 fut vivement enlevée par le commandant d'Antin, et sa colonne s'y établit jusqu'à six heures du matin (heure de relevée), prête à porter secours à l'un ou à l'autre bastion.

Colonne du commandant de Cappe.

Au bastion 7, la brèche est escaladée sans difficulté ; le poste qui la couronne se replie précipitamment après une seule décharge, et va rejoindre les compagnies du régiment de l'Union qui occupaient les deux maisons de la gorge et la retirade ébauchée qui les reliait. Ces troupes, abordées franchement sur leur front et par leur gauche, ne tiennent pas ; leur feu, dirigé vers le sommet de la brèche, nous fit peu de mal, parce que les fascines goudronnées qui garnissaient cette brèche avaient obligé notre colonne d'appuyer latéralement. Nous ignorons le motif qui empêcha les

assiégés de mettre le feu aux mines qu'ils avaient pré-
parées; nous les déchargeâmes le lendemain. Dans les
premiers moments de l'attaque, quelques hommes,
emportés par leur ardeur, poussèrent jusqu'au mur
Aurélien, mais ils furent rappelés. On s'occupa immédiatement de retourner le retranchement de l'ennemi
et d'en compléter les moyens de défense. Nous n'éva-
cuâmes cette position qu'à cinq heures du matin,
lorsque les travaux de couronnement furent assez
avancés pour couvrir les hommes qui aidèrent du reste
à les terminer.

Tous les travaux de l'attaque ont été conduits avec
beaucoup de prudence et de méthode par le général
Vaillant, et l'on doit très certainement attribuer à cette
circonspection la faiblesse de nos pertes.

Plus de 800 coups de canon ont été tirés sur nos
colonnes et dans nos tranchées de deux heures à dix
heures du matin; le feu de l'artillerie romaine a été
d'une vivacité inouïe, et les coups se succédaient avec
la rapidité du feu de deux rangs de l'infanterie. Tout
l'espace occupé par nos troupes a été labouré par la
mitraille, les boulets, les obus, et cependant, par un
hasard providentiel, cet assaut ne nous a coûté que
22 morts, dont 4 officiers (1) et 68 blessés.

Outre les prisonniers faits pendant l'assaut, nous
avons pris une trentaine d'hommes dans les maisons
des bastions.

22 *juin*. — Le feu de l'artillerie romaine est très vif
de deux heures à dix heures du matin ; mais à partir

---

(1) Nenon et Bouvier, capitaines de grenadiers au 32ᵉ de ligne ;
d'Astelet, capitaine de grenadiers au 36ᵉ, et de Jouslard, capitaine du
génie.

de ce moment il y a des intervalles de silence. L'ennemi cherche à nous empêcher d'établir de nouvelles batteries, destinées à éteindre le feu de son retranchement intérieur, le long du mur *Aurélien.*

Vers le soir, nous redoublons de précautions afin de nous opposer à toute sortie. Le feu de la place cesse à neuf heures du soir et la nuit est tranquille. Nos mortiers lancent quelques bombes sur le retranchement intérieur, sur la ville et sur le bastion de la porte Saint-Pancrace. La fusillade ennemie se fait entendre vers une heure du matin, mais elle ne part que des remparts.

23 juin. — Dès le matin, la canonnade recommence. L'établissement d'une batterie de 16 (n° XI) sur la courtine 6-7, destinée à battre celle de San-Pietro-in-Montorio, rencontre de grands obstacles, et le feu bien dirigé des Romains nous force de cesser nos travaux. Les coups qui partent du bastion 8, du San-Pietro-in-Montorio et d'une batterie à droite de Saint-Alexis se croisent au-dessus de cette position et la rendent fort difficile. On réarme la batterie n° II pour répondre de nouveau aux batteries de Saint-Alexis et du Testaccio, dans le cas où elles voudraient recommencer activement leur feu, mais elles ne tirent qu'à de rares intervalles; tout l'intérêt et toute l'action se concentrent sur les brèches. Pendant la nuit, le tir cesse, et de part et d'autre on travaille aux batteries.

24 juin. — Dès le matin, l'ennemi tire avec vivacité dans la direction de la batterie de la courtine, n° XI. Le bastion 8, quoique fortement inquiété par la batterie n° VI, ne cesse point son feu, et toujours secondé par la batterie de Saint-Alexis, il rend impossible l'établissement de la batterie de la courtine, nᵒ XI. Nous nous décidons alors à fermer les embrasures de cette dernière batterie et à élever deux batteries, nᵒˢ XII et XIII, dans les bastions 6 et 7 que nous occupons depuis le 24 juin au soir.

Le génie a dû en agir ainsi, parce qu'avant tout il fallait éteindre le feu de la batterie de San-Pietro-in-Montorio, défendue par la légion Garibaldi. Ces deux batteries XII et XIII permettront aussi à la batterie de la courtine, nᵒ XI de se rétablir. La batterie de Corsini, nᵒ VI, parfaitement placée, tient en échec le bastion 8 et enfile de ses projectiles la maison Garibaldi dans toute sa longueur. La batterie nᵒ II, réarmée avec 4 pièces de 16, cherche de nouveau à éteindre celle de Saint-Alexis, ainsi que la nouvelle batterie construite sous les arbres, à côté de cette dernière.

25 juin. — Dès la pointe du jour, le canon tonne ; nos travaux avancent, mais avec lenteur. Dans la matinée, un officier romain se présente au général en chef pour lui remettre la protestation des consuls étrangers contre notre tir direct sur la ville.

Le feu continue dans le courant de la journée ; mais, vers quatre heures du soir, les batteries de San-Pietro-in-Montorio, du bastion 6 et de Saint-Alexis, cessent de tirer. L'ennemi travaille et se fortifie dans l'intérieur.

Vers minuit une vive fusillade s'engage ; on croit d'abord à une sortie, mais on s'assure bien vite que les coups de fusil ne partent que du retranchement intérieur.

26 juin. — L'alerte qui a lieu pendant la nuit a retardé l'armement des batteries XII et XIII des bastions qui devaient être prêtes à ouvrir leur feu à la pointe du jour.

Tout le monde, officiers et soldats, attend avec impatience l'ouverture du feu de ces nouvelles batteries.

La journée se passe au milieu d'une vive canonnade, sans que nous puissions encore établir la supériorité de notre feu. La batterie de la courtine, n° XI, déjà abîmée par la canonnade des jours précédents et qui cherchait à recommencer son feu, est de nouveau tellement maltraitée, que nous sommes obligés d'en fermer les embrasures.

Vers onze heures du soir, une vive fusillade part des remparts. On fait prendre les armes à deux régiments pour aller soutenir les troupes de tranchée; mais on reconnaît bientôt que l'ennemi n'a eu d'autre but que de nous tenir sur pied, de nous fatiguer, et qu'il ne songe nullement à faire une sortie.

27 *juin*. — Notre batterie de la courtine, n° XI, est toujours abîmée par les projectiles de l'ennemi, et nous avons beaucoup de peine à nous y maintenir. Les Romains changent souvent leurs pièces de place et choisissent convenablement leurs emplacements. Cette journée nous coûte 3 officiers et 8 canonniers tués ou grièvement blessés.

La batterie n° X, établie en avant de la maison Corsini, bat le bastion 9, la maison Garibaldi et le mur Aurélien. Cette batterie, trop éloignée pour faire une brèche complète au bastion 9, dont elle ne voit point le pied du rempart, cause cependant un très fort dommage au parapet de ce bastion ; ses boulets arrivent aussi dans la ville lorsque le coup est pointé trop haut et qu'on manque le sommet du parapet.

La canonnade continue toute la journée ; elle se ralentit un peu pendant la grande chaleur, mais elle reprend avec une grande intensité vers le soir.

Nos mortiers lancent des bombes sur le bastion 9 et sur la maison Garibaldi.

28 juin. — Dès le 27, les batteries n°° XII et XIII, élevées dans les bastions 6 et 7, avaient commencé à tirer. La batterie de la courtine, n° XI, efficacement aidée par la batterie n° XII du bastion 7, a ouvert son feu contre la batterie de San-Pietro-in-Montorio. Dès le matin, un combat acharné d'artillerie s'engage entre ces deux batteries et celle du Montorio, pendant que la batterie n° XIII du bastion 6 et la batterie n° II répondent avec succès à celles de Sainte-Sabine et de Saint-Alexis. L'artillerie du Montorio riposte ; mais ses coups deviennent de plus en plus lents, et vers midi son feu est presque éteint.

La batterie de brèche n° XIV, élevée contre le bastion 8, est construite à l'abri du saillant du bastion 7, qui nous appartient. Au jour, elle ouvre son feu sur le flanc et l'orillon du bastion 8, et vers cinq heures de l'après-midi on aperçoit déjà une large ouverture. On tire toujours pour élargir la brèche et adoucir la rampe.

L'ennemi, dont les pièces ne peuvent nuire directement à cette batterie, tire contre elle de Saint-Alexis et du Testaccio ; mais la distance est trop grande pour qu'il puisse obtenir un bon résultat. Notre batterie n° II lui répond.

La batterie Corsini n° X continue à tirer sur le bastion 9, à la gauche de la porte Saint-Pancrace, et sur le haut de la porte même. Le mur est complètement écrêté, et le haut de la brèche de la face gauche du bastion 9 se dessine parfaitement.

Notre batterie placée au saillant du bastion 7 tire sans relâche sur le flanc du bastion 8 ; elle fait brèche, mais l'ouverture n'est pas encore assez large.

Vers minuit, la fusillade se fait entendre du haut des remparts ; les assiégés allument un grand feu du côté de la porte Saint-Pancrace pour éclairer la marche de nos colonnes qu'ils supposent devoir monter à l'assaut cette nuit.

29 *juin.*—Nos batteries tirent ferme ; la batterie XIV, qui bat le bastion 8, achève de faire tomber la muraille, et tout annonce que la brèche sera praticable cette nuit.

Dans l'après-midi, un ordre général annonce que l'assaut au bastion 8 sera livré à deux heures du matin.

A cet effet, on commande une compagnie d'élite dans les 6 régiments de la division. Ces 6 compagnies doivent former deux colonnes, l'une d'assaut, commandée par le chef de bataillon Lefèvre, du 53e de ligne ; l'autre, sous les ordres du commandant Le Rouxeau, du 68e, doit former la réserve au pied de la brèche.

La colonne d'assaut doit s'élancer rapidement sur la brèche, s'avancer jusqu'à ce qu'elle rencontre un obstacle sérieux, et permettre ainsi aux travailleurs qui la suivent de couronner la brèche et de s'établir derrière les gabions.

Les travailleurs ont ordre de laisser à droite et à gauche un espace pour le retour des compagnies d'assaut.

Pendant que cette première colonne se portera sur

la brèche, une autre colonne formée par les compagnies d'élite des trois bataillons de garde de tranchée, sous les ordres du commandant Laforest, du 22e léger, sortira du bastion 7, et attaquera le flanc et l'arrière du bastion 8, de manière à favoriser l'attaque principale par cette diversion.

Le lieutenant-colonel Espinasse, du 22e léger, a le commandement de toutes ces troupes sous les ordres du général Levaillant (Charles), général de jour.

Le reste des troupes du 68e et du 36e (600 hommes environ), plus 2 compagnies du 2e bataillon de chasseurs à pied, sont en réserve derrière la maison aux *volets verts*.

30 *juin*. — A deux heures du matin, on monte à l'assaut ; nos troupes entrent rapidement dans le bastion 8, sans se laisser arrêter par la vive fusillade qui part du retranchement intérieur et de la maison Garibaldi. Elles s'élancent dans les tranchées élevées par l'ennemi dans le bastion même, passent environ 150 hommes à la baïonnette, font 100 prisonniers, dont 18 officiers, et prennent ou enclouent 7 pièces de gros calibre.

A quatre heures du matin, la fusillade est très vive ; nos soldats et quelques officiers veulent arriver jusqu'à la maison Garibaldi sans connaître le terrain ; mais arrêtés par deux murs à pic qui leur présentent un obstacle matériel difficile à franchir, et assaillis de front et de flanc par des coups de mousqueterie et de mitraille, ils sont obligés de revenir sur leurs pas. Plusieurs soldats et le sous-lieutenant de voltigeurs Ferrières, du 53e, sont tués. Un officier d'artillerie et plusieurs canonniers romains meurent sur leurs pièces. Nos travailleurs s'établissent dans le bastion et sont déjà à l'abri de la mousqueterie.

Suivant immédiatement la tranchée dans la direction du mur Aurélien qui nous sert de parapet, nous nous trouvons ainsi tout près de la porte Saint-Pancrace et du bastion 9, et à 60 mètres de la maison Garibaldi, d'où les Romains se relient par des tranchées à la batterie de San-Pietro-in-Montorio.

Le reste des troupes du 68e et du 36e, et les 2 compagnies de chasseurs à pied en position derrière la maison aux volets verts, reçoivent l'ordre de se rendre à la batterie n° XI de la courtine 6-7 pour soutenir les troupes engagées.

Le feu continue sans relâche jusqu'à dix heures du matin, sans que l'ennemi, comme on s'y attendait, cherche à reprendre l'offensive pour ressaisir le bastion 8.

Le feu de nos batteries s'anime de plus en plus; celui de la batterie n° XI de la courtine 6-7 est des plus rapides... Le plateau du Montorio est sillonné et balayé dans tous les sens; les boulets de 24, les obus démolissent la partie extérieure du couvent et le clocher de l'église où s'étaient établis des tirailleurs ennemis.

Pendant la nuit de l'assaut, l'ennemi cherche de nouveau à rompre le pont du Tibre; il lance contre ce pont une trentaine de brûlots, espèces de caisses de 2 mètres carrés chacune, renfermant des fascines goudronnées, des obus, de la poudre et d'autres matières incendiaires.

Les estacades arrêtent ces brûlots, et la fusillade partie des deux rives en fait chavirer quelques uns sur les chaînes tendues d'une rive à l'autre.

Après dix heures du matin, l'artillerie romaine tire encore faiblement avec quelques pièces de campagne; mais nous avons décidément la supériorité. Les batteries de Sainte-Sabine et de Saint-Alexis se font entendre par intervalles.

A neuf heures du soir, un parlementaire se présente et demande à parler au général en chef; il apporte une dépêche annonçant que l'assemblée romaine renonce à une défense devenue désormais impossible, et qu'elle charge le pouvoir exécutif de capituler.

Nos pertes dans l'assaut du 30 juin s'élèvent à 1 officier (1) et 18 soldats tués, à 8 officiers (2) et 90 sous-officiers et soldats blessés.

1er, 2 et 3 *juillet*. — Les négociations commencées pendant la nuit se continuent entre les membres de la municipalité romaine et le général en chef; on conclut un armistice qui est fidèlement exécuté de part et d'autre.

Les pourparlers occupent toute la journée du 2 juillet et une partie de celle du 3; enfin, la ville de Rome se rend sans conditions.

L'armée française, qui occupe depuis la veille les portes Saint-Pancrace, Portèse, San-Paolo et du Peuple, entre dans Rome le 3 juillet, à cinq heures du soir.

---

(1) Le sous-lieutenant Ferrières, du 53e.

(2) Le chef de bataillon Lefèvre, le capitaine Robinet et le lieutenant Nachon, du 53e; le capitaine Douag et le sous-lieutenant Debonnière, du 32e; le capitaine Duhamel et le sous-lieutenant Naux, du 22e léger.

Pertes de l'armée française pendant le siège.

	Tués.	Blessés.
Officiers	6	50
Sous-officiers et soldats. .	156	792
Totaux. . . .	162	842

Total des tués et blessés. .   1004

OBSERVATIONS GÉNÉRALES.

Lorsqu'une place assiégée possède une forte garni-son, un de ses grands moyens de défense consiste dans de fréquentes sorties; mais il est évident que pour rendre ces sorties efficaces, il faut que l'infanterie destinée à les exécuter soit d'une grande solidité et bien décidée à faire des attaques à l'arme blanche dans les tranchées. Or l'infanterie romaine, mal or-ganisée et commandée par des jeunes gens dépourvus, à quelques exceptions près, de toute instruction mili-litaire, ne pouvait sous aucun rapport entrer en ligne avec l'infanterie française. A part les combats des 3 et 4 juin, livrés à Pamphili, et les deux sorties faites les 9 et 12 juin par des compagnies du régiment de l'Union, nous n'avons à signaler aucune tentative sérieuse de l'assiégé hors de ses remparts.

A l'assaut des bastions n°ˢ 6 et 7, dans la nuit du 21 juin, la défense manque d'énergie. Tout le monde sait cependant que c'est là une des opérations les plus critiques d'un siége, un de ces moments suprêmes où les efforts de l'attaque viennent souvent se briser contre les obstacles accumulés par la défense, comme nous en avons de nombreux exemples, sous l'Empire, dans les mémorables siéges de plusieurs places fortes d'Es-pagne.

3

Nous avons pourtant à signaler un fait remarquable après la prise des bastions n°ˢ 6 et 7 : c'est l'armement du bastion n° 8 avec l'artillerie retirée des deux bastions occupés par nous, sans que nous puissions éteindre son feu. Cette nouvelle position servit de base à une attaque intérieure, dans laquelle la question de vie ou de mort, débattue entre les deux artilleries, fut résolue, non sans de grands efforts, par le triomphe définitif de la nôtre.

Le bastion n° 8 fut mieux défendu par l'assiégé ; la batterie intérieure de 7 pièces, parfaitement établie au milieu de ce bastion fermé de tous les côtés par des retranchements, devait balayer la brèche sans le mouvement offensif d'une de nos colonnes d'infanterie ; mais cette colonne, habilement conduite, sort des tranchées du bastion n° 7, se joint à temps à la colonne chargée de l'attaque de front, vient tourner la batterie et coopérer à sa prise, par un de ces coups de main rapides qui font honneur aux troupes qui les exécutent. Les Romains, qui devaient se croire inexpugnables dans leur bastion, furent atterrés par la prise aussi subite qu'inattendue de cette batterie.

Le beau côté de la défense appartient sans contredit à l'artillerie romaine. Cette arme, qui joue le rôle principal dans la défense des places, a soutenu sa réputation dans la défense des remparts de Rome.

Dès l'établissement des batteries françaises n°ˢ I et II, les pièces placées en capitale sur le bastion n° 6 et sur les hauteurs de Saint-Alexis et du Testaccio leur répondirent avec aplomb, promptitude et justesse ; la lutte, nous devons l'avouer, se prolongea dans les mêmes conditions jusqu'aux derniers jours du siége.

Le bastion n° 6, qui fut d'abord contre-battu par la

batterie n° I, puis par la batterie n° IV, et dont la face droite fut abattue par la batterie n° VIII, a conservé son artillerie jusqu'à la dernière extrémité. Les canonniers qui se trouvaient dans ce bastion restèrent courageusement à leur poste.

L'artillerie du bastion n° 7 fut, avant l'assaut du 21 juin, replacée dans le bastion n° 8, où l'assiégé éleva une batterie intérieure, si bien établie, qu'elle était pour ainsi dire à l'abri de nos coups. Dans l'assaut du 30, les officiers et canonniers qui servaient ces pièces moururent en vrais soldats. Nous n'avons donc que des éloges à donner à l'artillerie romaine, et si nous devions y mêler une critique, nous lui reprocherions de n'avoir pas tiré assez souvent pendant la nuit.

Après la prise des bastions n°s 6 et 7, les batteries que nous y établîmes eurent à soutenir pendant vingt-quatre heures un vrai combat d'artillerie, qui se termina par l'extinction du feu des dernières batteries ennemies.

Après l'assaut du 30, l'artillerie romaine fut en partie démontée; placée d'ailleurs de manière à avoir une action directe sur les deux premiers bastions n°s 6 et 7 que nous avions pris, elle ne pouvait servir à la défense du bastion n° 9, devenu le point décisif à emporter. La défense était peut-être encore possible dans le quartier Saint-Pierre, qui se trouvait appuyé par le fort Saint-Ange; mais, après la déclaration de la chambre, cette défense n'avait plus aucun but; l'honneur militaire était sauf. Dans une ville qui n'avait qu'une enceinte, les défenseurs avaient soutenu deux assauts, et ne s'étaient rendus qu'après vingt-six jours de tranchée ouverte.

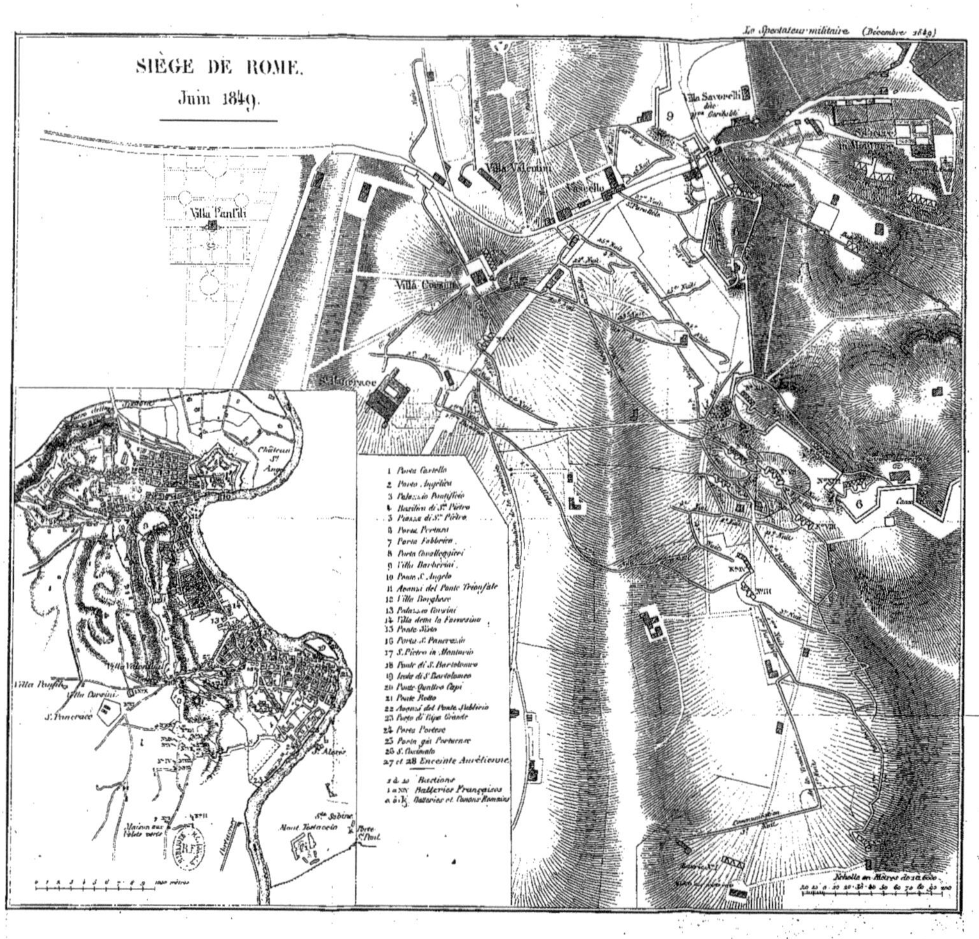

Le Spectateur militaire (Décembre 1849)
SIÈGE DE ROME.
Juin 1849.
Villa Pamfili
Villa Valenti
Vascello
Villa Savorelli
dite
Villa Garibaldi
Villa Corsini
S. Pancrace
Château St Ange
Villa Vascello
Villa Pamfili
Villa Corsini
S. Pancrace
S. Alexis
Ste Sabine
Mont Testaccio
Porte St Paul
1 Porta Castello
2 Porta Angelica
3 Palazzo Pontificio
4 Basilica di S. Pietro
5 Piazza di S. Pietro
6 Porta Pertusa
7 Porta Fabbrica
8 Porta Cavalleggieri
9 Villa Barberini
10 Ponte S. Angelo
11 Avanzi del Ponte Trionfale
12 Villa Borghese
13 Palazzo Corsini
14 Villa detta la Farnesina
15 Ponte Sisto
16 Porta S. Pancrazio
17 S. Pietro in Montorio
18 Ponte di S. Bartolomeo
19 Isola di S. Bartolomeo
20 Ponte Quattro Capi
21 Ponte Rotto
22 Avanzi del Ponte Sublicio
23 Porto di Ripa Grande
24 Porta Portese
25 Porta già Portuense
26 S. Cosimato
27 et 28 Enceinte Aurélienne
1 à 10   Bastions
I à XIV Batteries Françaises
a à K. Batteries et Canons Romains
1000 mètres
Échelle en Mètres de 10.000

www.ingramcontent.com/pod-product-compliance
Ingram Content Group UK Ltd.
Pitfield, Milton Keynes, MK11 3LW, UK
UKHW021020120726
13693UKWH00005B/2095